상사화(相思花)

安山 李學德 시집

홍익출판사

• • 서문 • •

내가 이 세상에 태어나
시집을 낸다는 것은 상상도 못할 일
워낙 글쓰기와는 거리가 먼 분야에서 자라며 생활해
나온 나이니까!
우연한 기회에
지인의 안내로 문학회에 첫발을 들여 놓은 것이
시인이 되었고
그러다 보니 시간이 흐르면서
시인으로 응당 있어야 할 시집을 나도 라는 꿈
그 꿈이 현실로 탄생되는 순간
설렘이 크고 넘쳐나는 기쁨이 눈시울을 적신다.
나도 시인
나의 시집
그동안 울안에 있던 새 한 마리가
하늘로 비상한다.

2014년 늦가을 자택에서

安山 李學德

목차

1부

봄

여름

2부

가을

겨울

1부

봄

꽃과 나비

발길이 뜸한
한적한 풀 섶에 난 참나리
이 꽃의 맘을 담아
찾아든 호랑나비 한 마리

황적색 꽃잎에 박힌 암자색점박이
키다리 아저씨 같은
긴 꽃술 참나리
꽃대 사이로 더듬어 넣은 긴 혀
흐느적거리는 날갯짓
흰 점박이 호랑나비

꽃과 나비가
나의 맘을 끌어 드리니
아름다움이 더하다

뜸부기

고개 숙인 벼가 바람에 일렁이는
누렇게 물든 가을 논

소싯적
고향 땅 여름 무논에선
뜸부기가 '뜸북뜸북'하고 울었었는데
그때 그 시절의
뜸부기가 그리워집니다

뜸부기 우는 소리
들어본 사람 많겠지만
가까이서 본 사람은 드물 거예요
인기척이 나면
벼 포기 사이로 숨기 때문이지요

고향 땅 여름 무논에서
우렁이 잡아먹으며 울며 노니는
뜸부기가 보고 싶습니다

[註] **뜸부기;** 여름철에 냇가 연못 풀밭 수전에서 한두 마리가 서식하는데, 흔히 풀숲이나 벼 포기 사이를 기어 다니나 잘 날지는 못함. 5~8월에 백색에 담갈색 반문이 있는 알을 낳음. 조석으로 "뜸북뜸북"하고 욺.

상사화(相思花)

사랑에 몸부림치다
어디에 있는지도 모르는
임 그리며
혹여나
상사(喪事)라도 생길까 봐
짝(잎) 재치며 먼저 솟구쳐
다섯 담홍자색 옷으로 화려하게 치장한
길고 가냘픈 몸매의 여인아
당신의 주변에 육(六) 뭇 남성이 에워 싸구나
그대의 뜨거운 사랑의 열정이
화산방출물 같았으니
결국
먼저 상사(觴死)코 마는구나
짝(잎)과의 一生 一世도
서로 등져 보지 못하니
相思花라고 하는 구나
꽃과 잎이 서로 짝지니
꽃-무릇이라는 말도 있나 보다

담배 피우는 남자

새를 타고 나는 남자가
흑장미 꽃을 만났다
눈길을 못 떼고
마음을 주다가
꽃 향에 이끌려 앉아
꽃향기 더듬을 여다
날카로운
장미꽃 가시에 찔렸다
깜짝 놀라 보는 손
장미꽃 같은 피가 솟구쳤다
상처 난 손가락 입에 물고
담배 피우는 남자

산 넘어 산 뒤엔

– 山頂에서

山行으로 오른 山頂에서
바라보니 첩첩이 쌓인 山

저 산 너머엔 무엇이 있을까!
이 산보다 더 험악한 산이 있겠지

저 높은 산 너머엔 무엇이 있을까
깊은 산 계곡으로 흐르는 강이 있을까!

저 먼 산 너머엔 무엇이 있을까!
평평한 陸地에 조성된 市街地가 있을 거야

아득히 먼 저 높은 산은
年初에 떠오르는 해돋이를 보기도 하는데

그 산 너머는 또 어떨까!
끝없이 보이는 茫茫大海가 있을까?

茫茫大海 水平線 위로 떠오르는
해돋이는 더 멋있을 거야

비의 연가(戀歌)

가랑비가 나립니다
떨어지는 빗방울이 옷을 적십니다
춥지 않으냐고
누가 묻는다면
"그리운 임 사이로 잊었던 기억들이
솟구치는 생각(想念)들로 눈물 나게 합니다."라고
대답해야 합니다.
지나온 수많은 사연(事緣)
가랑비에 흠뻑 젖는 옷은
그 많고 많은
사연(事緣)들을 얽매어
추위를 더하게 한다고 말입니다

거합도(居合道)

소리 없이 뽑히는 칼
허공을 가르니
'쉬-익'
울리는 파공음(波空音)
온몸에 전율이 흐른다
민첩하게 움직이는 발놀림
검객의 눈은 매섭다
'야-ㅅ'
칼은 상하좌우로 번개처럼 날렸고
물체는 맥없이
동강 나 떨어진다
검객의 동작은 너무나 빨랐다
나도 모르게 불끈 쥐어지는 두 주먹
이것이
바로
검술의 거합도
진검의 거합술

발산(發散)

연약한 육체를 방호 구에 의지하고
찌를 듯이 겨눠 든 죽도(竹刀)
쿵 쿵 짝 짝
기검체(氣劍體) 일치의 공격동작엔
살기가 돋는다
한발 한발 다가서고 물러나고
호구 쓴 얼굴엔 땀방울이 줄줄
순간적 방심에 존심을 잃으니
'머리' 외침에 정신을 잇는다
몸체에서 발산되는 뜨거운 열기로
흠뻑 젖은 도복엔 땀 냄새가 듬뿍
피로에 지쳐 떨리는 육신도
고된 흐름의 시간도
샤워 후
나를 듯한 기분에 내일을 기약한다

짝

짝 이룬
비둘기 한 쌍
그중 한 마리가
서로 짝인 참새와 먹이를 두고
生存競爭을 하고 있다

필사적인 참새

사심(邪心)이 없는
한 마리 비둘기
審判員 되어
짝

환영(幻影/ 노란리본)

환상(幻想)의 世界에서
天地를 오간다

極樂世界에서
환희(歡喜)에 찬 메아리
어디에도 없다
地獄 世界에서
살려달라고 애원하는 메아리
아무도 없다

환상(幻想)의 世界에서
天地를 오간다

八方을 돌아봐도
보이는 이도 없다
그러나
들린다
九泉을 떠도는
환청(幻聽) 소리

두 손 모아 조아린다
念願한다
極樂往生 하라고
念願하며 빌고
또 빈다

[註] **환영(幻影)**; 실현할 수 없는 원망(願望)이나 이상(理想). 사상이나 감각의 착오로 허위의 현상, 영상, 상태, 신념을 사실로 인정하는 현상.

노란리본; 세월호 침몰 사고(世越號 沈沒 事故)는 2014년 4월 16일 오전 8시 48분경 대한민국 전라남도 진도군 조도면 부근(팽목항) 황(서)해 상에서 발생한 여객선 침몰 사고이다.(생존자=172명)

세월호에는 제주도로 수학여행 가는 경기도 안산시 단원고등학교 2학년 학생 325명과 선원 30명 등 총 476명이 탑승한 것으로 알려지고 있다.

안 개

늪에서
호수에서
산야(山野)에서
가까운 듯 먼 듯
손으로 잡을 수 없으나
뚜렷한 모습으로
마치
이승과 저승을 오가는
관문같이 白雲을 이루고 있어
어쩌면
이승에서 한을 품은 요귀(妖鬼)가
밤사이 뿜어낸
노여움의 입김 이려는가!?

한 마리 '노린재'

여름내
무성한 활엽수 안에서
好衣好食하던 '노린재' 한 마리가
살짝 지나려던 바람님 때문에
힘없이 떨어지는 낙엽 타고
땅바닥에 내 동당이 쳐지자
버럭, 화내며
냄새 뿜으며 화풀이한다
퍼지는 독한 냄새에
주위가 몸을 도사린다
지나던 바람님 이를 보고
꾸중을 한다
이놈!
노린재야
내가 너를 알거늘

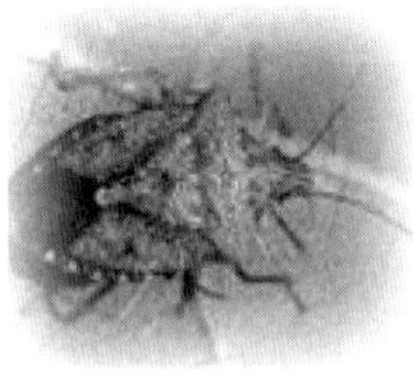

[註] **노린재**; 방언으로는 노래이 · 노레이 · 노린재이 등이 있다. 잎과 과일과 곤충을 잡아먹기도 한다. 냄새 샘[嗅腺]이 있어 외부자극에 독한냄새를 뿜으며, 지상에서 사는 것도 있고 물에서 사는 것도 있다. 우리나라에는 37과 300여종이 기록되어 있다.

꽃씨 타고 여행하는 벌레

조그만 벌레 한 마리가
바람 타고 날아가는
민들레 꽃씨를 타고
여행을 한다

바람 타고 날아가는
민들레 꽃씨 밑 등에
매달린 조그만 녹색 진딧물
거꾸로 매달려 간다

민들레는 종족 번식
진딧물은 서식지 확산!
순간포착 기이(奇異)한 형상(形象)
꽃씨 타고 여행하는 조그만 벌레

후회(後悔)

지나온 삶
하고 싶은 것도 많았는데
그렇지를 못해
못내 지나온 추억이 생각나
지난 시절이 아쉬워

나의 생애에서
모든 것들에도
되새김이 있는 삶이었어도
일찍 알아 생활함이었을 거야!
지금 같이는 않았을 거야!

이젠 몸도 마음도 늙어서
지금은 현실에서
그런 삶을 살아보리라 해도
결코 이룰 수 없는 인생이지만
앞날, 후회하지는 않는 삶을…

山 목련(木蓮)

산에서 만난 목련이여
너는 어찌하여
산복(山腹)의 수림 속에서
잎사귀보다 꽃부터 먼저 피어
진주 알 같이 뜨이느냐!

몸 결이 치밀한 나 여기 있으니
나 먼저 베어 가 건축재로 쓰라고
돋보이게 하느냐
아님
그 무엇이더냐!?

향기는 없는 듯하나
영춘화(?)란 예명에
꽃망울도 약에 쓴다니
하나 나무랄 데가 없구나
산 목련 나무야!

낙화 뒤
큼직한 잎사귀 속에서
눈길을 사로잡는
과실만은
볼품없는 골 돌(骨突)이니!?

여름

황학산

새벽에 일어나
바라본 황학산
겹겹이 싸인 험준한 산악
천연수림에 정막감에 장엄한 자태
산골짜기 골골에서 피어오르는 안개는
육이오 변란의 열기를 느끼게 한다
피아간의 치열했던 공방전에
수없이 날아든 포탄
아~
얼마나 많은 젊은이 들이
이승을 하직했겠는가!
분간키 어려워라
저 멀리 보이는 황학산의 모습은
오늘도 이승을 맴돌고 있는
젊은이들이 만들고 있는 진운(陣雲)이겠지!?
나는 거닐고 있다
또 오르고 있다

[註] **황학산;** 경북 칠곡군 지천면에 있는 약890고지의 산.

고추잠자리

붉은색 잠자리
고추잠자리

고추잠자리 한 쌍이
짝을 이뤄 날고 있다

앞 잠자린 날갯짓이 힘찬데
뒤 잠자린 늘어지게 가만히 있다

그렇게 날다가 풀잎에 앉는다

붉은색 잠자리
고추잠자리

왠지
더 붉게 물들어 보인다.

비가 와요

비가 와요
가뭄에 애타던 농부의 가슴에
희망을 안겨주는 비가 와요

비가 와요
노점상 할머니의 가슴에
시름을 안겨주는 비가 와요

비가 와요
함께 쓴 우산 속 연인의 가슴에
사랑이 샘솟는 비가 와요

비가 와요
노동일에 지친 아저씨 가슴에
安慰를 안겨주는 비가 와요

비가 오면
천둥과 번개 벼락도 있어
우리 삶에 喜怒哀樂을 주나 봐요

臥龍山

오늘(203.8.25/일) 새벽 등산한
해발 299.6m의 나지막한 와룡산
태고적 산 아래 있었던 옥연(玉淵)에서
용이 승천타가 길 가던 아낙에 들켜
승천치 못하고 떨어져 누워 이룬 산
이런 전설을 지닌 와룡산

22년 전(1991) 3월 26일
산 아래 있는 성서초교 1~6학년생 5명이
개구리 잡으러 갔다가 실종된 산
오늘 유난히도 안개가 서려 감돌고 있다
실종된 아이 부모님의 원혼이 감도는 걸까!

나지막한 산 와룡산아
너는 어찌하여
많은 봉우리에 험준한 골짜기와
가파른 경사도에 이룬 바위들로
악산으로 앉았느냐
그러나
우설이 진 병풍바위 좌우측엔

누구의 원심인지
무궁화나무가 심어져 꽃을 피우고 있고
소원성취를 담아 쌓은 돌무더기 탑이
그 앞에 자리 잡고 있구나

아~
탈도 많고
말도 많은 와룡산아
너 보기가 왠지 무섭구나

[註] **臥龍山**; 대구시 달서구 용산동에 있는 해발 299.6m의 나지막한 산으로 가파른 경사도에 산새가 험악하고 많은 봉우리(용두봉, 1.2.3봉)와 골짜기를 지니고 있으며 청석으로 덮여 있고, 바위에 얽힌 전설을 지닌 병풍바위, 비룡바위, 원한바위, 까들락바위(넓은 잔디밭) 등이 있다.

병암서원(屛巖書院)서 머물다

대구시 달서구 용산동 521번지
서촌에 자리 잡은
병암서원

1,220평의 면적에 팔작 & 맞배지붕
564평 안에 한식목구조로 앉은
병암서원

내외삼문에 동·서재와 강당의 회관
사당 정자에 불로 문 있는 사군자 담장에
병암서원

2000년 8월 지형의 변경으로 구원舊院을 철거
2003년 5월 새로이 건립하여
시 우수 건축물로 선정된 병암서원

시대의 발전에 의거
선원동에 성산고 성서고 성곡중 경원고에
이곡동에 성산중 성서초교가 있는 병암서원

한마음 주공 영남우방APT에 평화타운과
용산시장 서촌마을 새방골에
와룡산을 등지고 앉은 병암서원

병암서원은
성주 도(都)씨의 종회(宗會)
시축지의(尸祝之儀)의 병암 종중서원

地球 위에서

맑은 하늘에
눈부시게 떠 있는
뭉게구름을 보고
어떤 이는 사람 같다 말하고
어떤 이는 동물 같다 말한다
이는
그의 눈이 달라서가 아니고
그의 생각이 달라서겠지!

속절없는 歲月을 두곤
무어라 말할까?
어떤 이는 빠르다고 말하고
어떤 이는 느리다고 말할 거야
이 또한
그의 현실이 달라서가 아니고
그의 생각이 달라서가 아닐까!?

더불어 살아가는 세상
삶의 맘은
이렇게 품는구나

나팔꽃

탱자나무 담장을 칭칭 감고 올라
밤새 이슬 머금고 활기찬 모습으로
해님 향해 활짝 핀 나팔꽃

아름다워 카메라에 담았습니다
길 가던 아줌마가 이런 모습 보고
'정말 아름답네요'^^

이 나팔꽃 넝쿨 위를
호랑나비 세 마리가 날고 있습니다
카메라에 잡히지 않았습니다

우리 집 난(蘭)

그렇게도 귀염 받던 난(蘭)이
꽃피울 생각도 않고
오랜 세월 모양 없이 낡은이
사랑 없이 정(情) 받던 난

지난달 8월
꽃대 하나가 뾰족이 치밀더니
꽃봉오리 8개나 달았다

청초한 푸른 꽃잎받침 3개에
아기의 뽀송뽀송한 속살같이 해맑은
백색 꽃잎 3개 안에 하얀 기둥
그 위에 황갈색 꽃술이 보일 듯 말듯
송이송이 꽃을 피워 나간다

그동안 너를 외면한다고
옛정 못 잊어 꽃피움에
정주고 사랑 차지합니다

검도 세계

검도가 좋아
도의 길을 들어섰건만
새로운 연인이 되질 못하고
계속됨이 없어지고 말았구나
검도 세계가
도중하차 됨은
새로움이 아니건만
계속 마음만 노니는 구나
검도를 다질 수 있는
도의 세계
세계 속에서
계획된 취미 특기 적성 시간도
검도를 해온 학동이 없으니
도저히 이룩됨이 어려울 것 같다
세상에 태어나
처음 맞이한 중학교 생활에
계속하여 이루어 봄직도 하련만!

검가(劍稼)

검도의 길을 들어선 너
아홰야
정말로 귀엽구나
결코 쉬운 길이 아니거늘
'하나 머리 하나'
'하나 머리 둘' 하고
익혀 나가는 여린 동작이
주변인의 눈시울을 울리는구나
지금 이 시간의 너이련만
문무겸전 인의 도가
만년(晩年)이 쌓아질 땐
주변인이 숙연히 고개를 죽이는
도인으로서의 검도 세계
아홰야
지금의 이 길이
춘풍에 녹아나는 고드름이 아니 어니
이 길은 결코 그런 길이 아니 어니
검도의 길을 들어선 너
아홰야

해바라기

동산에 해 뜨면
살며시 고개 들고 웃음 띠며
해님을 반기며 사랑을 속삭인다
애타게 기다리던 사랑의 고백이겠지!

해님은 외면하며 중천에서
뜨거운 열정으로 함박웃음 날리니
그를 향한 일편단심은
무르익어 풍성함을 이룬다

해님과 해바라기
서로를 향한 영원한 사랑
수없이 잉태한 씨앗
수줍어 얼굴마저 들지 못한다

서산에 지는 임을 향한 맘
변함없는 사랑의 영혼
달님의 유혹에도
긴긴밤 이슬 먹으며 새벽을 향한다

상사(想思)

여름 낮
무심히 떠 있는 흰 구름을 보고
어떤 이는 꽃 같다고 말하겠지
어떤 이는 새 같다고 말할 거야
그것은
보는 눈이 달라서가 아니고
서로의 생각이 다르기 때문일 거야
그러나
덧없이 흐르는 세월을 두곤 무어라 말할까!?
어떤 이는 빠르다고 말할 거고
어떤 이는 느리다고 말할 거야
이 또한
세월의 흐름이 달라서가 아니고
서로의 삶이 다르기 때문이겠지
그러나
이해하고 생각하며 음미해 보는 것은
서로를 사랑하는 마음이겠지

소쩍새(두견이)

소싯적
시골 할머니 집 찾을 적에
해가 서산에 기울면
유난히도 골골이 울리던
소쩍새 울음소리가
이별한 임 그리는지
짧은 밤도 긴긴 밤 같아
나의 심금(心琴)을 울렸는데
먼동이 터 동창이 밝아도
무슨 사연이 그리도 많았는지
밤새워 울었던 소쩍새
쉼 없이 울어대는 그 소리는
변함없이 더욱 낭랑(琅琅)했는데
그래 너는 분명 '울새'였는데
요즘은 들을 수가 없어
만나 곱은 소쩍새

[註] **두견이(소쩍새)**; 두견이과에 속하는 새로 뻐꾸기와 비슷하며 익조임. 철새로 5월에 와 9월에 감. 여름에 밤낮으로 처량하게 우는데 중국 촉나라 망제의 죽은 넋이 붙어 되었다는 전설이 있으며, 고래로 많은 詩人들이 읊음 새.

울새; 지빠귀과에 속하는 새. 우는 소리가 높고 맑음.

부채춤 얼쑤

흥겨운 노랫가락에
부채가 춤을 춘다
빙글빙글 돌며 춤을 춘다

홑이 모이니 나비가 되고
짝이 모이니 꽃이 되고
홑 짝 다 모이니
산이 되고
움직이니 물결이 된다

여흥을 돋우는
흥겨운 노랫가락에
어깨춤이 절로 난다
얼쑤 좋다
부채가 춤을 춘다
여흥을 돋우며 춤을 춘다

장승(長丞)

길과 성안을 守護하는 神이라
삶의 哀歡을 담아
인간의 業報에 의해
괴상(怪狀)한 머리 모양으로
陰陽의 造化를 이루어
바위나 나무로 태어나니
바로 석 장승이요 목장승이로다
우리 조상님이
몹쓸 놈의 액병(厄病)을 다스리고자
정신적 생활의 神明으로
모양도 크기도 채색의 형상도 다르게
天地神明으로 陰陽의 造化 이뤄
城과 절 지역 동구 길목에
오른편에 天下大將軍 왼편에 地下 大將軍
너를 세웠구나
나라엔 國土 守護神인 너
삼면이 바다요 한 면이 內陸이라
바다엔 해적이 끓고 대륙엔 오랑캐가 있으니
동해 어귀엔 동방청제 촉 귀 장군(東方靑帝促鬼將軍)
서해 어귀엔 서방백제 촉 귀 장군(西方百濟促鬼將軍)

남해 어귀엔 남방적제 촉 귀 장군(南方赤帝促鬼將軍)
북방대륙 어귀엔 북방흑제 촉 귀
장군(北方黑帝促鬼將軍)을 두니
太平歌가 장안을 울려 퍼지질 않았으랴!
우리 민족 守護神
長生不死의 象徵인 너
陰陽의 調和로 役割을 다한 너
만나는 것도
오늘날엔 쉽지 않구나

'처진 소나무' 180호

셀 수 없는 逆 動의 歲月
끈질긴 삶으로 지녀온 歷史에
萬人의 칭송을 한몸에 받고 있으니
이승을 하직한 수많은 靈魂의 이야기를
너는 지겹지도 않았나 보다

數千의 年輪이어도
數千 년을 더 살 수야 있으랴!
너는 결국 百年 묵은 老松
늙어 감은 어찌할 수 없으리니
말해 보려 무나 그 恨 많은 事緣을

10년이면 山川도 변한다고 하거늘
너는 짐작도 못 하는 數百 살의 나이라
치매증(癡呆症)이라 모른다는 수많은 事緣
그래도 너는 지니어 담고 있거늘
묵묵히 守義感만 자랑 구나

季節마다 지나는 바람의 다름에
쏴~~쏴~~하고 몸부림만 치지 말고

松 濤(도)로 松 韻(운)으로
萬物이 잠든 고요한 달밤에 알릴 것 없니
'처진 소나무' 180호야!

[註] 경상북도 청도군 운문면에 있는 雲門寺는 신라 말기에 고려 태조 왕건이 보양(寶壤)의 말을 듣고 산적을 막아 내었으므로 그 감사의 대가로 절을 크게 만들게 하였는데, 경내에는 천연기념물 180호인 '처진 소나무'가 있다.

名山을 찾아서

첩첩이 쌓인 산
계곡 사이로 펼쳐지는
울창한 숲길
이를 어찌 다 새길 수 있으랴

영봉(靈峰) 기슭에
자리 잡은 관광 명소 사찰
바윗돌 내로 흘러내리는 물은
세월을 씻는구나

산세의 기가 느껴지는 산
산중의 산 명산(名山)
하늘을 가리는 숲길을 오르며
잠시 속세를 잊으련다

찌든 속세의 혼탁함을 벗어나
물소리 새소리 바람소리 들으며
맑은 공기 마시면서
다람쥐 벗 삼아 노닐다 가련다

가는 세월 붙잡을 수 없으니
마음잡아 가부좌 틀고 앉아
은은히 들리는 풍경(風磬) 소리에
합장(合掌)하며 마음의 병 한번 씻어보련다

우물(수각)에 뜬 달

산사 앞뜰에 있는
커다란 우물에 달이 떴다

밝은 달밤에
비친 달이 떴다

맑고 맑은 우물물에
뜬 달이 매우 고와

잡으려고 살며시 손을 담그니
일어나는 잔잔한 물결

흔들리는 물결에 뜬 달이 어늘어늘
눈동자에 든 달이 혼란스럽다

밤하늘에 뜬 달과
우물에 뜬 달은

같은데 다르다는 것을
이제야 알았네

RIO(리오)의 연못

게이더스버그 동쪽 편에 '리오(RIO)'라는 곳이
있습니다.
이곳은 먹거리와 즐길 거리가 있어 많은 사람이 찾는
쉼터입니다.
그 형태가 굼벵이가 웅크리고 있는 형상입니다.
사람들은 이 연못을 'RIO 호수'라고 말합니다.
그 둘레가 약 1.5km라 호수라 하기엔 규모가 작습니다.
그런데 머리 부분과 꼬리 부분엔 분수가 치솟고
목 부분엔 짧은 구름다리가 놓여 있습니다.
치솟는 분수는 물 위에 꽃무늬 모양의 그림을
그립니다.
이 연못엔 물을 좋아하는 기러기 떼가 찾아들고
오리도 찾아들어 함께 노닐고 있습니다.
그런데 이 연못엔 많은 사람이 즐기는 배(Boat)가
있습니다.
많은 사람이 이 배(Boat)를 타고 호수를 돌아다녀도
기러기와 오리는 겁을 내지 않습니다.
오히려 사람들이 타고 즐기는 배(Boat) 뒤를 졸졸
따라다닙니다.
그래도 남녀노소 그 누구도 먹을 것을 주지 않습니다.

그저 좋아라고 즐길 따름입니다.
그런데 사람들이 즐겨 타는 배(Boat)는 용 모양 있고,
오리 모양도 있고, 작은 Boat도 있습니다.
그런데 Boat만 작아 2인승입니다.
오리 배는 큰데 노란색, 흰색, 청색, 적색입니다.
이 연못에 많은 사람이 나와 즐기며 시간을 보내고
있습니다.
방 낮이 아닌 저녁 무렵이면 모두 나와 시간 가는 줄
모릅니다.
여기를 사람들은 'RIO 호수'라 합니다.

2014.7.30.(수) 作 ~미, MD 게이더스버그에서

발코니 의자에 앉아 그린 그림

나는 미국 여행 중 여유로운 시간 오후 발코니 의자에
앉아 앞 풍경을 바라보고 있었습니다.
그런데 그 전경이 너무나 아름다웠습니다.
건물과 건물, 그 사이로 보이는 들판
들판을 건너 보이는 흑청색의 숲
그 위로 보이는 직선 집웅은 하늘과 평행선을 이루고
있고 우거진 숲은 하늘과 굴곡선을 이루고 있는
가운데 붉게 물들고 있는 하늘엔 희미한 한 점의
구름이 떠 있었습니다.
나는 화판을 세우고 도화지에 연필로 그림을 그리기
시작했습니다.
눈으로 보고 구상을 하며 머리로 그림을 그리기
시작했습니다.
그리고 채색은 물감을 쓰지 않고 크레용을 쓰기로
맘먹었습니다.
나는 그림을 잘 그릴 줄 모릅니다.
더구나 화가도 아닙니다.
그러다 보니 그림을 그리기 위한 준비물이란 아무것도
없습니다.
그러나 조용한 가운데 보이는 전경이 너무나 아름다워

그 전경에 매료되 눈으로 보고 머리로 그림을 그리기
시작한 것입니다.
일순간 나는 생각만으로 그림을 그리는 화가가 된
것입니다.
먼저 연필로 대략 구도를 잡았습니다.
눈앞에 있는 집,
집과 집 사이로 보이는 들판
그리고 흑청색 숲 위로 보이는 하얀 집
붉게 물들고 있는 하늘에 떠 있는 한 점의 구름 등을.
나는 연필로 먼저 구도된 그림을 보이는 전경과
비교를 해 보았습니다.
흡족한 마음이 들었습니다.
크레용으로 채색을 하기 시작했습니다.
이 색 저색을 번가라 가며 열심히 채색을 하였습니다.
연필로 그려진 그림에 색칠을 하고 나니 정말
멋있었습니다.
내가 보아도 눈에 보이는 그대로 잘 채색된
그림이었습니다.
다 그린 그림을 들고 눈에 보이는 전경과 비교를 해
보았습니다.

너무나 비슷하여 만족감에 사로잡혀 누구든 보라고
한참이나 그림을 들고 있었습니다.
그러다 보니 일순간 나는 화가가 되었습니다.
일순간 분명 화가이었습니다.
그러나 나는 잠시 화가가 되었을 뿐입니다.
그것도 눈과 머리로 그리고 채색한 화가가 된
나였습니다.
그러나 실제로 현존하는 것은 아무것도 없습니다.
석양 무렵 조용한 분위기에서
발코니 의자에 앉아 생각으로 그린 그림일
뿐이었습니다.

2014.8.4.(일) 作 ~ 미, MD 게이더스버그에서

감성(感性)

3월의 따뜻한 날씨에
노랗게 만개한 개나리
봄을 느끼게 하고

4월에 있던 꽃샘추위
눈 오듯 날리는
벚꽃 잎에 잊는다

5월의 나른한 하루
하얗게 만개한
이팝나무 꽃에 묻히니

지나는 여인의 향취도
만개한 6월 장미꽃 향에
사라진다

이른 아침

넓은 대지 위에 아침 햇빛이 찾아듭니다
연초록 잎들은 그 빛을 더하고
무성한 풀들은 이슬을 머금고
햇볕을 받아 빛을 발합니다
습기를 머금고 있는 풀숲 고목은
거대한 그림자를 만듭니다
우거진 그 숲 속에서
단잠을 깬 사슴가족이 노닐다가
인기척에 놀라 고개를 치켜들고
주변을 살피며 경계심을 보이더니
껑충껑충 뛰뛰기 걸음으로
밀림 숲 안으로 숨어가 버립니다.
사라진 숲 속 나뭇잎 몇 개가
바람 타고 살랑살랑 춤을 춥니다

2014.7.15.(화)作 ~미.MD.게이더스버그에서

흔적(痕迹)

넓은 하늘엔
시간(時間)의 흐름 속에
춘 · 하 · 추 · 동(春夏秋冬)이 있습니다
태양의 공전(公轉)에 따라
낮과 밤이 있습니다
그런데
낮엔 보이지 않던 별들이
밤이면 무수히 보입니다
그중 유난히 밝은 별들이 있습니다
그중
긴 꼬리를 남기며
없어지는 별이 있었습니다
간 곳을 찾아보아도
눈엔 빛나던 꼬리만 남았습니다
우리는 그것을 별똥별이라 합니다
유수(流水) 같은 삶 속에
그 별똥별마저
별똥별일 뿐이었습니다

2014.7.12.(토)作 ~'미.MD.게이더스버그'에서

2부

가을

비둘기♂

넓은 잔디밭에 비둘기 떼가 앉았다
이리저리 다니며 먹이를 찾는다

비둘기♂ 한 마리가
꾸루룩꾸루룩하고 운다

아장아장 걸음마 하며
꾸루룩꾸루룩 자꾸만 운다

고개를 올렸다 내리며 꾸루룩
왔다 갔다 한 바퀴 돌며 꾸르룩

자전거 탄이가 지나가자
후루룩 날았다 다시 앉는 비둘기 떼

♂ 한 마리가 또 운다
동구란 눈망울에 핏발이 섰다

철 따라 자연을 벗 삼아 같이 갈 사람

철 따라 자연을 벗 삼아 같이
나를 위해 웃어 주고
나에게 편안함을 주고
나에게 사랑함을 주고
어떠한 형편에서도 여유로운 사람

철 따라 자연을 벗 삼아 같이
바쁜 가운데서도
하루 일을 시작하면
때에 맞는 적절한 말 한마디로
마음을 녹일 줄 아는 사람

철 따라 자연을 벗 삼아 같이
외모보다는 마음이
적극적인 삶을 살아감에
용서를 구하고 용서할 줄 아는
자신을 지킬 줄 아는 사람

철 따라 자연을 벗 삼아 같이
그리우면 그립다고 말하고

불가능 속에서도 보기 위해 애쓸
그냥 아는 사이가 아닌
정을 주고받는 사랑하는 사람

성암산자락 '욱수산'

욱수산을 등산하다 보면
많은 수목을 볼 수 있습니다
옛날 전주와 침목으로 쓰였던
상록침엽수인 리기다소나무도 있고
냇버들도 있고
낙엽활엽수인 물푸레나무도 있고
모진 비바람에 쓰러져 생명을 다해
세 자손을 키운 굴참나무
처음부터 수난을 당해 자라질 못하고
곁으로 뻗어 다섯 자손을 키운 굴참나무
이를 삼 형제 나무·오 형제 나무라 부릅니다
때가 되면 그윽한 향기를 안겨주는
아카시아 나무도 더러 있고
'오디' 열매를 주는 산뽕나무
작은 알밤을 주는 밤나무도 있습니다
그러나 리기다소나무와 같이
곧게 자라는 소나무는 볼 수 없습니다
수풀들은 덩굴이 한데 엉킨 숲을 이루며
등산객의 앞길을 막습니다
수난을 당해도 끈질긴 생명력을 자랑합니다

나무는 그늘과 쉼터를 제공하는데
수풀은 그렇지 않습니다

[註] **욱수산**; 대구광역시 수성구 욱수동에 있는 해발 약 710m의 산.

바닷물 길 따라

이른 아침 바다로 산책하러 갔습니다
잔잔한 파도가 밀물과 썰물로
모래사장을 오르락내리락합니다
촉촉한 모래사장을
물길 따라 자꾸만 걸었습니다
걸어온 발걸음흔적이 생겨납니다
또 파도가 밀려옵니다
발목이 잠기게 지나갔다가 내려갑니다
걸어온 발걸음흔적이 없어집니다
파도는 발목이 잠기게
자꾸만 올라왔다가 내려갑니다
나는 앞을 보며 걸어갔습니다
그런데 앞으로 걸어가고 있는 내가
흐르는 물길 따라
게(Crab)와 같이 옆으로 가고 있었습니다

– yellow crab

한 포기 코스모스

산길 한적한 곳 길섶에 핀
코스모스 한 포기
많고 많은 색상 중에
청순함이 으뜸인 너를
누가 이곳에 있게 하였느냐

수많은 잡초 속에서
청초(淸楚)한 모습으로
철 따라 꽃피워
사랑을 독차지하는구나

가냘픈 몸체에
여덟 개의 꽃잎으로
황금빛 씨앗을
가지런히도 에워싼 너

가을을 알린다는 너를
보는 이마다 경탄(敬歎)치 않는
이가 그 누구런가!?

달(the moon)의 변화

달의 변화는 계절과 같아

초승달이 가니 보름달이 되듯이
봄이 지나니 여름이 되고

보름달이 가니 그믐달이 되듯이
여름이 지나니 가을이 되고

그믐달이 가니 암흑세계가 되듯
가을이 가니 겨울이 된다

초승달은 봄, 보름달은 여름
그믐달은 가을, 달 없는 밤은 겨울

삼라만상 세상의 변화가 이와 같아

남자 성기로 만든 Boat

현재 대구미술관 2F 좌실 구석방에
전시되고 있는 이 작품
관람자 개인에 따라
다양한 해석의 가능성을 지닌
남자 성기로 만든 男根 Boat(배)
일본 여 화가의 작품이다
男莖(男根)이 아닌 것이 없다
여자이기 때문에 이리라
자신의 성장 과정을 통한
사적 경험을
강박증과 환영(幻影)으로
표현한 정신세계이리라
삶에서 일어나는 喜 怒 愛 樂은
분명 下門(女根)이 우선이었으리라
그래서
여기에 환영으로 남겨진 Boat
♂ & ♀
실현할 수 없는 원망과 理想
男莖과 下門
여 화가의 꽃 ♂!
알몸 ♀의 男根 Boat!

[註] 일본 여 화가 '쿠사마 야요이'는 1952년 첫 개인전을 개최, 현대미술의 끊임없는 변화 속에서 특정한 예술 경향을 쫓기 보다는 자신만의 확고한 조형세계를 구축하며 미술계와 대중의 흥미와 관심을 유발하고 있는 화가라 한다.

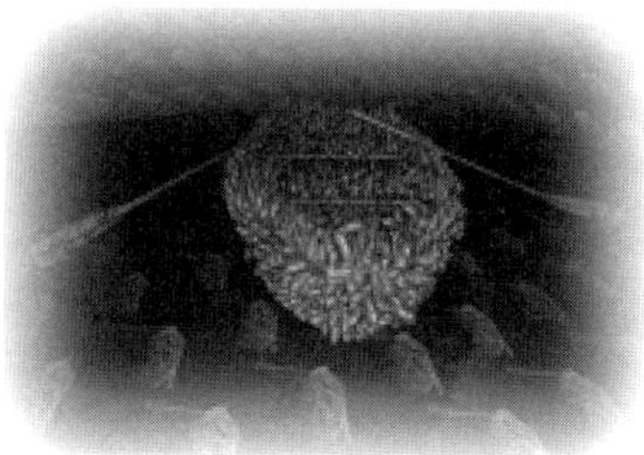

– 남근 배

황금빛 들녘

天高馬肥 之 節에
나락 논에 물든 황금빛 물결은
농민의 가슴에 풍년가가 울리고
온몸에 쌓였던 고민(苦惱)은
허공에 날리는 담배 연기같이 사라지니
나락 논 지키던 허수아비도 웃음 보인다
두 번 울고 웃는 벼농사
씨 뿌려서 근심·걱정에 울고
힘들고 지치는 육체 농사일에 울고
계절의 만족한 흐름에 웃고
풍년의 기쁨에 웃고
그러나
농민의 肉體와 英魂은
서로의 다름이 있으니
풍년의 기쁜 영혼은
農繁期 육체의 安息을 모르네

임과 임 사이

가을!
뜰에 핀 국화꽃 보노라면
心中에 맴도는 빈자리엔
허공에 사라진 담배 연기 마냥
지난날 그리던 그 모습은 간데없고
국화꽃 향기가 나를 일깨운다

담장 아래 핀 황국화 송이가
풍기는 진한 향기
허공(虛空)을 맴돌다 나의 코를 자극해
발걸음을 사로잡으니
살며시 끌어안고 코 맞춤을 준다

황토로 구워진 도자기 주전자에
다듬어 말린 황국화 송이를 넣어
예쁘게 다듬어진 도자기 찻잔에
조심스럽게 따르니
노랗게 울어난 국화차가
나의 눈동자를 물들인다

놓인 찻잔을 들어
입맞춤하며 음미(吟味)하니
찻잔에서 풍기는 차 향기에
모든 시름 다 잊고
한 모금 마시는 빈 머리 눈동자

시골운동회

– 1학년 말 춤추기

만국기 펄럭이는 시골운동회
평소 친한 동무도 이땐 적이다
달리고 당기기하고 또 함께 달리고
팀별로 굴리기하고 깨트리기도 하고

이겨라, 이겨라 우리 백군 이겨라
목이 터지라고 응원하는 반 동무들
청·백·홍 팀이 서로 겨루기를 하니
같은 반 동무끼리 순위를 다투니
이날만은 나에겐 모두가 적수

그래서 받은 노트 한 권의 상
점심시간이면 가족이 둘러앉아
만 가지 음식과 반찬 그리고 음료수에
즐겁고 시끌시끌한 흡족한 점심시간
이 자리에서 상 받음에 우쭐대는 자식

조그만 운동장에 모인 전교생 가족들
이날만은 한뜻이 되어 즐기는 마당
리(동) 대항도 반 대항도 함께하는
즐거운 시골운동회

도자기작품 '호박'

– 대구미술관 2F홀에
전시된 '호박도자기'

흙으로 빚음은 같다
청색이 주를 이루는 고려자기도
백색이 주를 이루는 백자도

그 밑을 보면
닳아 허름한 짚신 마냥과 같아

백합같이 청초한 자기도
陶工이 心血을 기울여 탄생하지만
誕生되는 도자기엔 完成이란 없단다

이러한 자기의 형태는
그때 그 시절의 환경에 따라
달라지는 모양(某樣)과 모양(貌樣)

그래서 이루어지는
作品에 깊은 맛과 아름다움은
시대의 合成으로 탄생하는 手作 文化 藝術品

이 정도의 陶瓷器를 만들어야
瓷器의 匠人이라 할 수 있겠지!

나그네

꽃 피고
임 없어
애처롭더니

술 있어 한 모금에
외로움 잊으니

한두 모금 마신 술에
은근히 취해

이젠 임 없어도
외롭고 서러운 줄 모르겠네

고달픈 세상살이
꽃 보며 술 마시어

醉氣에 콧노래 부르니
임 없어도 世上 맛나네

내 삶의 빈자리에

오늘이 내 생애
매년 다시 오는 날이지만
이날이 지나면
이해엔
다시 올 수 없는 날

탄생일

늘 오는 오늘도
늘 같은 마음
그러나
같은 모습은 아니어라

지나는 세월의 흔적이
머리와 얼굴에 내 삶의
흔적이 깃들어져
예쁜 그림보다 미운 그림이 더 많은
세상 삶의 흔적

이젠
내 삶의 남은 빈자리엔
곱고 예쁜 그림만
맘속에 새겨졌으면 합니다

시화전에 부치는 글

시절이 시절이라
국화향기 풍성한 가을이라
은은하고 담담한 남자의 계절에
남정네 가슴을
무엇이
이다지도 설레게 하나
절로 나도 몰래 콧노래를 부른다
어머니의 젖 내음이 물씬 풍기는
전원(田園)에서
배움의 전당에서
고사리 손에
풍성한 소출을 보이니
우리 이때 이 가을걷이를
모두 동참토록
살펴 찾으세

가을 편지

임!
봄에는
아름다운 꽃잎 붙여 보냈던 편지
여름엔
행운을 갖다 준다고
네 잎 클로버 붙여 보냈지요
이제는
곱고 물든 단풍잎 넣어
가을 편지 띄웁니다

너는 지금 어디에 서 있는가!?

너는 지금 어디에 서 있느냐
하늘을 날고 있는
고추잠자리에게 물어보자

어릴 적 분명
어머니 품에 서 있었고
어울린 친구 앞에 서 있었지

할머니 사랑을 독차지할 땐
할머니 안에 서 있었고
가정에선 가족 안에 서 있었지

삶에 허덕일 땐
그 삶 속에 있었고
삶, 정을 떠나고
자연을 그리며 있을 땐
하늘에 떠 있는 뭉게구름 안에서
상상의 날에를 펼치며 서 있었지

지금 너는 어디에 서 있느냐
가지 위에 앉아 있는
고추잠자리에게 물어나 보자

가을 단풍

한 생명 다해 떨어진 너
아름다움의 극치를 발하니
너의 모습에
참마음은 알 길이 없다

淸明한 날 아래서
보는 이로 하여금
모두 황홀감에 빠지도록
녹·황·적색으로 丹粧한 너

계절의 변화에
밤새 내린 찬이슬에도
맥없이 떨어지는
한 생명 다하는 너

이 거리를 덮은
너를 보며 걸어가노라면
바삭바삭 들리는 발걸음 소리에
나는 동심에 젖어 헤맨다

한세상 당할 자 없이 용솟음치던 너도
세월의 소용돌이에는 어쩔 수 없어
한목숨 다해 아름다움을 뽐내도
속절없이 내린 빗방울엔 추하기만 하다

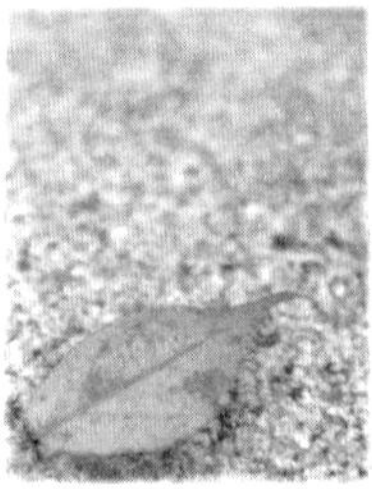

赤色 단풍나무

유난히도 붉게 물들어
너를 보는 모두가
뛰어난 아름다움에
지나치질 못하고 발걸음 멈춰
넋을 잃고 황홀감에 젖어들어
감탄사를 연발하니
어찌하여 너만 그렇게도 붉음이
흠 잡을 데 없이 곱게 곱게 물들어
쉬이(殊異) 감을 자랑하느냐?
淸明한 날 태양 아래에서는
눈부심이 있어 똑바로 볼 수 없을 정도고
흐릿한 날 낮이라면 오히려
또렷한 너의 자태(姿態)를 볼 수 있으니
너의 아름다움은
너의 모습 風光은
비할 대가 없어라

겨울

내가 본 삶!

건물은 높아지고 편리함은 많으나
가족이 적어지니 집은 더 커지고

여가는 더 늘어나도 삶의 인생은
이익을 추구하다 보니

옛날보다 가진 것은 배가(倍加) 되었지만
마음의 즐거움은 줄어들고

문제도 부담도 많아지고
말 말 말도 많고

나는 날아보았다

나의 어린 시절!

볏짚 집에 흙 토담
집 앞 텃밭에서 동무들은
검정고무신 신고 뛰어다니며
즐겁게 자치기·깡통 차기하며 놀고

오색풍선이 바람 따라 하늘로 오른다

그러던 날
만물상의 밝은 빛을 보았다
그런데 나는
꽃향기 맡으며 희망에 들떠
꽃향기 따라 가다가 뛰다가
양팔 벌려 날갯짓하며
창공을 날아올랐다

아~ 꿈인가 생신가!

그런데 나는
정작 찾는 꽃이 없어
몸부림치다 깜짝 놀랐다
힘들기도 했었다
내가 지금 꿈을 꾸고 있었나?

꿈 확인하는 내 모습!

손가락

부모님으로부터 물려받은 손가락

잘생기고 나쁜 손가락도 있고
못생기고 좋은 손가락도 있다

탈(事故) 없이 모두 있으면 좋은데
그렇지 못할 땐 고통스럽다

모두 다섯 개인 손가락이
하나 더 있는 육 손도 있다

그러나
喜怒哀樂을 同伴하는 손가락

깨물어서 안 아픈 손가락은 없다

가화만사성(家和萬事成)

남남이 서로 만나 夫婦의 연을 맺고
신 살림을 꾸리며 나갈 때
後孫이 생겨나니 자식이라
家庭이 구성되며
家族을 이루었다
그래서
서로서로 사랑으로 다독거려
천둥치고 번개가 이러나도
종잇장도 맞들면 났다고
좁은 방문 지날 땐
서로 마주보고 걸어서
앞 보고 걷는 이는 뒤로 걷는 이를 읽으며
걸음을 옮겨야 하고
높이를 조절해야 하느니
혹
긴 밥상 한 아름에 잡히지 않아
같이 들어야 할 때
딴마음 먹다간
집안 곳곳에 오물을 씌우니
어수선한 집안 분위기에

무슨 家和萬事成이 있으랴
가끔 일어나는 天災地變에도
家和萬事成은
家和萬事成이라야!

그림자

가까이 있는 듯 멀리 있고
멀리 있는 듯 가까이 있는
그림자

맑은 날 해 뜨면 가까이 있고
어두운 밤 달 뜨면 멀리 있는 듯
그림자

보는 눈만은 속일 수 없어
의처증도 아니고 우울증도 아닌
그림자

생각의 머금은
육신의 착각으로 이르고
그림자

함빡 먹음의 뿜은 물은
망나니의 칼날에 사라진다
그림자

느 낌

무엇인가를
감정 없이 나는 보낸다
그러다가 나는 안의 세계를 벗어나
창공을 물끄러미 바라다보며
미친 사람 푸념같이 중얼거려 보다
나도 몰래 깜짝 놀라 주변을 의식한다
마파람(남풍)은 짜증을 남기고
하늬바람(서풍)은 이를 없앤다
된바람(북풍)은 활력을 더하고
높새바람은 몸을 도사리게 한다
무엇인가를
감정 없이 나는 보낸다
미친 사람 푸념같이 중얼거려 보며
나도 몰래 깜짝 놀라 세월을 의식한다
창공을 벗어나 주변을 살펴보다
그러다가 나는 안의 세계를 찾아 들어간다.

홍시(紅柹)

소 시적 초등시절 읍내에서
공휴일이라고 시골집 찾아들면
반기며 맞이하는 할머니!
인자하게 웃으시며 반기든 모습이
아직도 뇌리에 아롱거린다

고향 집 안마당 귀퉁이에 선 감나무
고수 목 감나무에는 추억도 많아

봄이면 꿀 찾아 달려드는 벌들에
떨어지고 마는 감꽃을 주워 모아
수십 알 실에 꿰여 목걸이 만들어
또래끼리 장난치며 뺏어 먹기 했었지

여름이면 달려드는 벌레 때문에
제 수명 다 못하고
땅으로 떨어진 청 홍시 주어
맛있다고 먹던 그 순간도 생각나

가을이면 잘 익은 홍시가
은근히 나를 유혹하는데
아침에 나가보면 땅에서 반긴다
이제는 가마득한 옛 추억일 뿐

마누라가 시장에서 사온 홍시
반쪽 잘라 먹어보라고 쥐어 준 홍시
꿀맛보다 더한 단맛에
옛날 그 추억들이 돌이켜 진다

선(仙)

산사山寺 생활에
아무도 찾는 이 없어
쓸쓸하다고 한탄하지 말자
책과 더불어 친구 하여
지나면 될 일

책이 싫다면
하늘을 날아다니는
철새들을 벗 삼아
날아가는 새들에게
내 마음을 실어 보내면 될 일

이 또한
어려워 안 된다면
앞뜰과 뒷동산에 있는
나무들과 벗하여 정담을 나누면
멋진 벗이네

이 벗마저 친함이 안 되면
대지를 누비며 부지런히 다니는
개미들과 벗 삼아도
아무도 시기할 이 없어라
이 모두가 좋은 벗이 아니런가!?

함께한 사람

夫婦의 緣(연)
부족하여 채워주지 못해
가슴 아파하는 임
무엇으로 기쁘게 하여줄까?
사랑하기에 가끔 서로
대들어도 보는 임
서로 손을 잡을 수 있어 좋고
안아볼 수도 있어 감사한 임
그런 연(緣)이 있어
오늘 하루도 행복하였음을
느끼게 하는 임
夫婦의 緣
함께해서 행복한 당신
당신이 있어 행복합니다

2011년 12월 19일

오늘은 월요일
오전 내 PC와 씨름했다
그런데 '속보'라는 불청객이 찾아든다
'북한 김정일 국방위원장 사망'
12시경이다. 특보로 '청암(류기환)'님께
알기 전 놀라게 해야지!
조급히 전화기 다이얼을 돌렸다
여보세요?
"뭐 해요. 지금!"
농장에서 개밥 주고 있단다
"김정일이 죽었다는 속보가 떴던데 알아요!?"
대뜸 '청암'님 왈
"에이 그놈 잘 죽었다. 빨리 집엘 가 봐야겠다."
ㅎㅎㅎㅎ
죽기는 이틀 전 17일(토) 08시 30분경이란다
정부에서도 까맣게 몰랐다나!?
지하에서 하늘까지 둘러친 장막이
대단하기는 한 모양이다
살짝 열린 장막 사이로
드러낸

침통한 모습에 울먹이는 목소리로
'고합니다.'라는 얼굴로
뒷북치는 소리에 알았다니!!

행복 그리고 사랑

건강이 모자라
요양원을 찾은 나그네
행복을 갈구하며
못다 한 삶을 살기 위해
사랑을 추구함은 행복일까!?
장미꽃 열정을 불태우며
주인 따라가는 강아지 마냥
느끼던 행복이
버려지는 담배꽁초의 피던 불꽃이
사그라져 가듯 갈 때
불행의 나날들로 촛불은 밝다
비로소 느낀 행복의 씨앗들
목 놓아 울부짖고 한탄한들
떠난 임은 올 수 없어
외로이 쓸쓸한 나날을 지새운다

사랑 그리고 행복

사랑과 행복의 고민이 울부짖는
사춘기 시절
서로의 감정이 고민의 세계에서
연인이 되어 짝사랑이 움터
사랑보다 먼 우정보다 가까운 사랑은
언제나 삶의 언저리로 맴돈다
때로는 아름답고 찬란한 모습으로
때로는 고독하고 침울한 모습으로
사랑은 한겨울에 내리는
눈처럼 아름답고 포근하지만
끝날 때는 흙투성이로 변해
서로의 신체접촉에서
선천적인 감정이 용솟음 쳤지만
사랑의 마음은 불행의 씨앗

삶의 여운(餘運)

밤새 이슬 먹은 풀잎은
아침 햇살에 반짝이고

울창한 수목들은 삼복더위와
비바람 태풍에도 왕성했는데

가을 되어 서리 맞은 낙엽수들은
붉게 물들어 하나둘 낙엽 지니

청설모는 겨울 채비에 바빠
침엽수 찾아 거닐기에 바쁘다

봄 여름 가을 가면 오는 겨울
이 겨울이 지나면 신년이 되지!

나 또한 한 해가 봄을 맞으니
만물이 生動하듯 人性은 줄어만 가네

계절(季節)

봄이면
산천초목에 생동감이 움트고
푸릇한 대지에 일렁이는 아지랑이는
바쁜 나그네의 마음일손
실바람 타고 시름을 더하고

여름이면
해님의 풍성한 온정에
산천초목은 기세가 등등하나
바람은 지치고 숨을 죽이니
나그네의 근심은 연방 부채 바람을 일으킨다

가을이면
곱게 물든 산천에
바람도 넋 잃고 돌아드니
명산은 나그네를 유혹하고
황금빛 들녁은 풍년가가 울리고

겨울이면
찾아드는 북풍한설에
대지는 몸살을 앓으니
산천초목은 그리움을 더하고
나그네는 한껏 옷깃을 여민다

❖ 부록 1 ❖

시(詩 poetry) 문학 - 1

시(poem)의 어원은 '제작, 창작'(making)의 의미를 갖는 그리스어의 'poiesis'이다. 이는 원래 자연적인 것의 제작을 이르는 말인데, 이후 시(poetry)는 '말을 만든다.'는 것으로 그 의미가 좁혀져 왔다.

문학은 일반적으로 리듬의 유무에 따라 운문과 산문으로 나뉜다.

운문은 리듬을 가진 문학형태이며 산문은 리듬이 없는 문학형태이다. 서정시, 서사시, 극시 세 장르는 운문이라는 공통점을 지니고 있다.

산문에 대립되는 장르로서의 시는 서구에서 원래 창작문학을 포괄하는 명칭으로 사용되었다.

이처럼 시는 운문과 창작이라는 두 가지 의미를 내포하고 있다.

오늘날 시라고 하면 일반적으로 서정시를 생각하는

데, 서정시(lyric)란 어원적으로 음악과 밀접한 연관이 있다.

우리가 서사시, 극시와 구분해서 서정시라고 부르는 문학양식은 고대 서구에서는 하나의 독립된 장르로 확립되어 있지 않았다.

서정시는 문학을 크게 세 가지로 분류한 이후부터 문학의 기본형들 가운데 하나를 가리키는 용어로 사용되어 왔다.

그러나 시는 서정시라는 장르개념만으로 사용되지는 않는다.

장르개념이 아닌 형식개념으로서도 시란 명칭이 사용되고 있다.

일반적으로 시는 **모방론, 표현론, 효용론, 구조론** 등의 비평적 관점에서 다양하게 정의된다.

모방론은 시를 현실과 인생의 모방(반영, 재현)으로 보는 관점이다.

여기서 시의 가치기준은 작품이 재현하거나 재현해야 하는 대상들의 재현적 진실에 있다. 모방론은 고전주의와 사실주의의 핵심적 문학관이 되었다.

그러나 서정시는 주관적 장르이기 때문에 모방론은 서사문학이나 극문학의 비평에 있어서 보다 큰 효용을 지닌다.

표현론은 시를 시인의 자기표현으로 보는 관점이다.

따라서 시는 시인의 사상과 감정에 작용하는 상상력의 산물이다.

시를 시인의 자기표현이라고 여기는 관점은 낭만주의 예술관의 흐름 안에서 낭만주의 비평가를 중심으로 발전되었다.

모방론에서는 대상의 진실성이 가치기준이지만, 표현론에서는 예술가 자신의 진실성이 그 기준이 된다.

효용론은 시가 독자에게 끼친 어떤 '효과'에 초점을 두며 그러한 효과의 성공 여부에 따라 작품의 가치를 판단한다.

동양에서는 시를 인격수양의 수단이나 교화의 수단으로 보는 재도적(載道的) 문학관, 곧 풍교론이 지배적이었다.

이는 문학 자체의 가치보다 문학의 사회적 가치를 더 중요하게 생각하는 문학관이다.

구조론은 시를 그 자체로 취급하는 것, 곧 시인과 독자, 현실세계와 독립한 것으로 보는 태도이다.

이 같은 태도는 시가 독자적인 자율성을 지니고 있다고 여기는 사고에서 비롯된다. 구조론은 러시아 형식주의자와 미국의 신비평, 시카고학파를 포함해서 1920년 이후 많은 비평가들의 이론적 준거가 되어 왔다.

이들은 문학 외적인 조건, 예컨대 시가 생산된 시대의 역사적·사회적 조건과 작자나 독자의 심리적 반응

등과의 관계 속에서 시를 이해하려는 기존의 연구 태도에 반대하고 작품은 본질적 조건, 곧 언어와 리듬, 이미지, 비유, 상징, 어조 등 내적 조건에 의하여 연구되어야 한다고 주장한다.

<<문학비평용어사전, 2006.1.30., 국학자료원>>

❖ 부록 2 ❖

등단의 둘레길

~ 등단 이야기(1) ~

누구나 글쓰기 하면 뭔가 대단해지는 것으로 생각들 합니다.

특히, 시인이나 작가가 된다는 것은 기분 좋은 일이지요. 하지만 그 내면의 알아야할 깨달아야할 일들이 많이 숨겨져 있지요.

오늘 이야기 주제는 등단에 관한 겁니다. 어떻게 등단해야 하는지, 어느 문학단체를 통하여 등단해야 하는지, 그러기위해선 어떤 글쓰기가 이루어져야 하는지 등단 이후엔 어떻게 활동해야 하는지 많은 것이 궁금하리라 생각이 듭니다.

문학을 하려는 이에게 등단은 무슨 의미가 있는가?

요즈음은 문학 횡포, 문단폭력이란 이야기를 들어 보았을 겁니다.

어느 문단 출신 이냐, 어느 문학사 출신이냐 서부터 시작해서 한국문인협회 내에서 회장 자리를 놓고 치열한 몸싸움이 있기도 합니다.

때론 시인이나 작가들이 이런 모습에 상처를 받고 글쓰기를 포기하는 경우도 많습니다.

특별히 기독교 문인이라 칭해지는 분들이 존경을 받기보다는 이름값 내세우는 식이나 작품 같지 않은 글들을 대단한 글인 것처럼 돈으로 포장하는 경우도 있습니다.

가슴 아픈 일이지요, 그리고 문제는 소위 중앙 문단이라는 곳에서 혹여 등단했다 하더라도 가야할 길도 험하고 처음부터 작품을 주목받고 또는 창작된 작품을 발표할 기회도 적은 오늘의 열악한 상황(현실)이 있습니다.

등단의 최고의 꽃은 신춘문예입니다.

각신문사가 10여개가 되고 1년에 한번 단 한사람의 당선을 주는 신춘문예는 실로 등단의 꽃이라 할 수 있습니다. 한명의 등단을 위하여 일 만 여 명에 육박하는 경쟁률, 대단하지 않습니까? 아마도 세상적으로 따지자면 사법고시 패스보다 어려운 일이지요.

그 다음은 유명출판사 내지는 문단을 통한 등단입니다. 대개의 경우 1년에 두 번 또는 분기별로 당선작을 내는데 소정의 상금과 문단 등단의 기회를 동시에 얻을 수가 있죠.

신춘문예보다는 쉽지만 이 또한 만만치 않는 경쟁률이 있습니다. 몇 개의 예를 들어보자면 문학동네, 문예중앙, 세계의 문학, 현대문학, 시문학 같은 문학사의 경우이죠, 아마 이런 문단도 2-3백대의 1의 경쟁률을 자랑하죠.

대개는 이러한 문단을 제도권문단이라 합니다. 문단내에서 파워를 가진 역사와 물질(?)을 함께 갖춘 문단이라 할 수 있죠.

그밖에 등단을 할 수 있는 40여개의 출판사나 문단이 존재합니다.

아마 절반쯤은 비 제도권 문단이라 할 수 있고 문단설립연도도 짧아서 지명도가 낮습니다. 기독교 문인을 양성하는 월간 크리스챤 문예나 크리스챤 문학은 비제도권에 속합니다. 이곳에서 등단을 하는 것은 쉬우나 중앙문단에서 주목받는 일은 거의 없습니다.

그만큼 문단을 구성하는 문인들의 힘이 적고 역사가 짧으며 결정적으로 문학적 깊이가 떨어진다는 약점이 있습니다.

더군다나 열악한 출판조건 때문에 등단을 이유로 심사비를 요구하거나 50권에서 100권에 해당하는 책을 살 것을 요청하는 문단이 많습니다.

이것 때문에 많은 물의를 일으키고 돈을 주고 시인

이나 작가의 이름을 산다는 오명 때문에, 처음 글을 쓰시는 분들이 문단의 특징을 모르고 응모했다가 등단을 미끼로 돈을 요구해서 상처받는 이들이 많다는 사실입니다.

등단에 관한 일이 기쁜 일이지만 그 내면을 들여다보니 조금 우울해지셨나요? 하지만 용기를 내세요.

<<출처; 전국문학싸이트>>

시집 후문

여름을 내려놓고 떠나는 바람 뒤로 새로운 목소리의
신인 시집이 가을날을 맞으며 탄생되는 순간이다.
사물을 보는 눈이 섬세하진 못했지만 감성의 끈끈한
눈빛으로 우려낸 시상으로 심상의 공감대를
형성하는데 심혈을 기우린 산물이다.
요즈음 시 쓰기에서 흔히 말하는 비틀거나 낯설게 하기
보다는 감성으로 가슴에 와 박히는 작품을 쓸려고 노력은
했지만 오랜 시인의 연륜이 없으니 어쩔 수 없는 일.
그렇다 보니 난해한 시를 쓴 것이 아닌지 나도 모르겠다.
그러나 시인에게 '시'란 결코 양보할 수도, 물러설
수도 없는 결전의 장.
새로운 시도를 거듭하면서 계속 가야할 의무가 생긴 것.
시상의 늪에서 헤매며 지나온 세월이 말없이 짧은
늪이었지만 기다림의 순간에서 목마름의 짧은
시간들이었지만 이제 마침표를 찍는 신인 시집의
탄생이 된다.
나 스스로의 맘으로 축하하며 박수를 보낸다.

또 앞으로 한국문단에 큰 족적을 남기는 시발점이기를 기대해 본다.

2014년 늦가을 자택에서

安山 李學德

상사화(相思花)

인쇄 2014년 12월 8일
발행 2014년 12월 15일

지은이 / 이 학 덕
펴낸이 / 김 창 석
펴낸곳 / 홍익출판사

주소 / 대구시 중구 삼덕3가 245-2
전화 / 053) 421-6700, 427-3627
팩스 / 053) 423-5965
등록번호 / 1987년 11월 26일 제1-107호
E-mail / hongick88@hanmail.net

정가 8,000원

ISBN 978-89-7826-264-4 03800

• 잘못 만들어진 책은 교환해 드립니다.

이 도서의 국립중앙도서관 출판시도서목록(CIP)은 서지정보유통지원시스템 홈페이지(http://seoji.nl.go.kr)와 국가자료공동목록시스템(http://www.nl.go.kr/kolisnet)에서 이용하실 수 있습니다.
(CIP제어번호 : CIP2014035780)